A GAMBETTA — 1882

Décembre 1851

Décembre 1877

Décembre 1881

PAR

UN OFFICIER RÉPUBLICAIN

PRIX : 1 FRANC

PARIS

E. DENTU, LIBRAIRE-ÉDITEUR

PALAIS-ROYAL, 15, 17 ET 19, GALERIE D'ORLÉANS

1882.

A GAMBETTA - 1882

Décembre 1851 - Décembre 1877 - Décembre 1881

A GAMBETTA — 1882

Décembre 1851
Décembre 1877
Décembre 1881

PAR

UN OFFICIER RÉPUBLICAIN

PARIS

E. DENTU, LIBRAIRE-ÉDITEUR

PALAIS-ROYAL, 15, 17 ET 19, GALERIE D'ORLÉANS

1882

INTRODUCTION

Il est des mois qui semblent funestes à la liberté, le mois de décembre est de ceux-là.

En décembre 1851, un général renommé qui avait eu plusieurs pages glorieuses dans l'histoire de la conquête algérienne ; qui, depuis, est venu échouer piteusement entre les bras de la réaction et est mort de male rage de n'avoir pu être ni maréchal de France, ni ministre de la guerre, ni Président de la République; nous avons nommé le général Changarnier, voulant calmer les inquiétudes légitimes du Parlement dont il était tout à la fois le membre et le gardien prononçait cette phrase à jamais restée célèbre :

« Mandataires du Peuple, délibérez en paix ! »

Quelques heures plus tard les événements préparés par les Morny, les Maupas, les Persigny, et exécutés par les Saint-Arnaud, les Magnan, les Espinasse et les Canrobert, lui donnaient le plus cruel et le plus sanglant démenti.

La République était étranglée, le Parlement était dispersé, le peuple était mitraillé et ce même

général Changarnier, malgré toute son outrecui-
dance, était arrêté, enfermé, et finalement banni,

Il y a quelques jours, à une question qui lui
était posée par un des membres les plus jeunes
de la Chambre des députés, orateur, dont l'ar-
deur juvénile, sans grande autorité, répondait
cependant, au sentiment unanime de la majorité,
question qui avait pour objet de manifester les
inquiétudes légitimes qu'inspire à la Chambre
des députés, le choix des principaux rouages du
ministère de la guerre, triés sur le volet des plus
fervents adeptes de toutes les réactions, ainsi que
l'éloignement systématique des officiers républicains et leur remplacement par les ennemis les
plus ardents de la République; M. le général
Campenon, ministre de la guerre, paraphrasait à
trente ans d'intervalle, la phrase célèbre du général Changarnier et s'exprimait ainsi :

« *Mon dévouement à la République est absolu...*
» *Il ne date pas d'hier...*
« *Je couvre le général de Miribel... je dis, mes-
sieurs, que mon dévouement à la République est absolu et qu'il doit vous être garant de la fermeté
inflexible avec laquelle je suis décidé à exiger que
chacun à qui j'ai l'honneur de commander, respecte
et serve loyalement la République.* »

Certes, ce sont là des paroles rassurantes s'il
en fût jamais ; mais les actes répondent-ils et ré-
pondront-ils aux paroles ?...

Sommes-nous à la veille d'événements graves
comme le ferait supposer cet ensemble de mesures réactionnaires qui semble, marée envahis-

sante, devoir emporter le ministère et mettre la République en échec ?...

L'avenir le dira !

Quant à nous, comme le passé est à nos yeux l'enseignement non seulement du présent, mais encore de l'avenir, comme les secousses successives par lesquelles notre Patrie a été si cruellement éprouvée sont riches de dures et précieuses leçons qui doivent la préserver du retour de semblables catastrophes, nous allons faire le rapide historique des époques néfastes qui ont motivé le titre de cet opuscule.

PREMIÈRE PARTIE

Décembre 1851

I

On trouve dans les annales parlementaires, un rapport sur la proposition Marcou au sujet des poursuites à intenter aux auteurs du coup d'Etat du 2 décembre 1851, qui peint admirablement ce crime épouvantable, déjà éloigné de nous et resté impuni, la mort ayant soustrait ses principaux auteurs à la justice nationale.

Voici quelques extraits de ce rapport :

« Le 2 décembre 1851, la France qui se croyait libre se réveillait sous un maître. Un coup d'Etat avait été exécuté pendant la nuit. Infidèle à son serment, traître envers la nation, le président de la République, Louis Bonaparte, venait de tourner contre les institutions et les lois les armes qu'il avait reçues pour les protéger. L'Assemblée nationale était dissoute ; les forts de Vincennes et du Mont-Valérien, les prisons de Mazas et de Sainte-Pélagie recevaient les représentants du

Peuple, abandonnés à toutes les violences, à tous les outrages.

« La force remplaçait le droit ; une dictature sanglante mettait la main sur la France lâchement surprise dans une attaque nocturne.

« Ce n'était pas assez d'emprisonner et de proscrire à Paris, pour assurer le triomphe du nouveau pouvoir, il fallait emprisonner et proscrire dans les départements, qui manquaient aussi d'enthousiasme pour le coup d'Etat. De là des arrestations en masse; et, comme les prisons étaient pleines et qu'il fallait les vider, de là aussi l'odieuse besogne de ces commissions mixtes que le garde des sceaux a flétries, naguère, avec tant d'énergie du haut de la tribune et qui seront à jamais le scandale de la justice au dix-neuvième siècle. Plusieurs départements, celui de l'Hérault, entre autres, comptèrent plus de deux mille victimes. Ce fut une immense débauche de la force livrée à elle-même. »

Le coup d'Etat a régné près de vingt ans sur la France, qu'il a lancée dans toutes les aventures qu'il a tenté d'enivrer par les gloires stériles de la Crimée et d'Italie, comme par les gloires frelatées de la Chine et du Mexique ; et, dont il a conduit l'armée des massacres du boulevard Montmartre aux hontes ineffaçables de Sedan et de Metz.

« Vous avez commencé comme des jouisseurs et vous avez fini comme des traîtres, » s'est écrié un jour M. Gambetta, dans un de ces magnifiques mouvements oratoires dont il a le secret.

1.

Aujourd'hui, que selon le même orateur, nous sommes débarrassés, depuis 1870, de la « pourriture impériale, » la République parcimonieuse, par exception, ne peut donner aux victimes de cette époque cruelle que quelques deniers comme réparations.

Il y a loin de là au fameux *milliard des émigrés,* la monarchie légitime moins économe alors des sueurs et de l'or de la nation, fût plus tendre pour ses serviteurs.

Nous bornerons là nos réflexions sur ce second règne impérial qui, comme le premier, a pris la France libre, puissante, intacte et l'a laissée ruinée, vaincue, mutilée sous la botte de l'étranger.

Ces souvenirs trop douloureux font rougir péniblement, et pour la seconde fois, le front sacré de la Patrie.

DEUXIÈME PARTIE

Décembre 1877.

I

Le mois de décembre 1877 a vu s'accomplir deux grands événements politiques.

Le premier, consiste dans l'avortement misérable d'un coup d'Etat prémédité et résolu de longue date, qui ne fut qu'un crime moral et n'a vu son exécution matérielle entravée que par suite de circonstances indépendantes de la volonté de ses auteurs.

Le second réside dans la fin d'une crise gouvernementale d'une telle gravité, qu'elle a mis la France à deux doigts de sa perte ; car, la résistance des ministères de Broglie et de Rochebouët à la volonté de la nation, jointe aux intrigues criminelles des monarchistes, unis dans leur haine commune contre la République, avait failli provoquer une guerre fratricide dans la nation comme dans l'armée, sous les yeux de l'étranger jaloux, grisé de nos milliards et prêt à une nouvelle invasion.

Aussi, rarement dans son passé notre pays fut-il plus près de sa désagrégation !...

Par quel enchaînement de faits délictueux et de faiblesses coupables, par quel concours d'ambitions séniles et de convoitises malsaines ce funeste état de choses avait-il été créé ?

Nous allons le raconter succinctement.

Le coup de force manqué de décembre 1877 était la conséquence fatale du coup de force moral présidentiel, auquel l'histoire conservera ce nom tout ensemble grotesque et redoutable :

Le Seize Mai !

En voici les causes et les précédents :

Après l'effroyable guerre civile de la Commune, M. Thiers, président de la République, entraîné par les errements de sa longue carrière politique, gêné par les intrigues incessantes des monarchistes, avait pu à grand peine fonder la République sans républicains ; et à sa première velléité d'aller au delà et de résistance sérieuse, la coalition monarchique du 24 Mai l'avait renversé du pouvoir et l'avait remplacé par le maréchal de Mac-Mahon avec le duc de Broglie pour président du Conseil.

C'est alors que fut inventé le septennat, au bénéfice de toutes les réactions en général et du maréchal de Mac-Mahon en particulier ; et, comme le dit l'honorable M. Henri Brisson dans son remarquable rapport au nom de la commission chargée de faire une enquête parlementaire sur les élections des 14 et 28 octobre 1877 :

« Obligés de s'incliner, tout au moins en appa-

« rence, devant le verdict national du 20 février
« 1876, les inventeurs de la politique de combat
« ne s'étaient jamais pliés à une application sin-
« cère et complète des règles du gouvernement
« constitutionnel. »

En effet, la constitution de 1875, arrachée au
mauvais vouloir des monarchistes de l'Assemblée
nationale, ne constituait à leurs yeux qu'un arse-
nal de traquenards ingénieux qui devait leur
permettre un état constant d'hôstilité contre la
République, qui devait, par ce moyen, périr in-
failliblement un jour ou l'autre.

C'est ainsi que les cléricaux, exaspérés par l'ordre du jour de la Chambre des Députés du 4 mai
1877, qui blâmait sévèrement le langage intem-
pérant et intolérant de quelques évêques, abusè-
rent de la foi naïve du maréchal de Mac-Mahon,
lui persuadèrent qu'il lui était réservé, par la
volonté divine, d'être tout à la fois le sauveur de
la religion menacée et le dompteur du fameux
péril social improvisé par les Buffet et les Broglie;
et par ces craintes chimériques de périls imagi-
naires lui firent enfin concevoir et exécuter le
coup de tête du *Seize Mai !*

Le Seize Mai 1877, le maréchal de Mac-Mahon
écrivit à M. Jules Simon, alors président du Conseil, une lettre de renvoi basée sur de motifs si
futiles, que n'importe quel citoyen ayant le culte
de l'équité la plus élémentaire n'oserait en invo-
quer de semblables pour mettre sa cuisinière à
la porte sans lui donner ses huit jours.

M. Jules Simon, un républicain de 1848, un des
cinq membres de la première opposition sous

l'empire, au lieu de saisir l'occasion qui lui était offerte de stigmatiser, en quelques lignes qui seraient restées historiques, l'injure sanglante dont il était la victime et de clouer au pilori cette nouvelle incarnation du pouvoir personnel qui usurpait la souveraineté de la nation dont-il avait la garde, fît une protestation aussi pitoyable que l'attaque avait été odieuse, et se défendit en homme qui aurait été pris, *flagrante delicto*, à faire danser l'anse du panier gouvernemental.

Ce manque de caractère d'un homme politique sur lequel la nation et la République avaient le droit de compter, s'explique aujourd'hui que nous avons vu ce triste personnage brûler ce qu'il avait adoré ; et, avec le cynisme des apostasies dont parlait jadis l'illustre Berryer, continuer, après le général Changarnier, l'école des Coriolan parlementaires. — Ne pouvant être ni président du Conseil, ni président du Sénat, ni président de la République, son ambition déçue l'a réduit à être dorénavant, au Sénat, le coryphée assermenté de ceux qui, au *Seize Mai*, le mirent brutalement à la porte comme un serviteur infidèle.

Les auteurs du Seize Mai sont au pouvoir avec M. le duc de Broglie, ce grand maître de l'impertinence aristocratique, comme président du Conseil ; et, avec le sombre Fourtou échappé des marais périgourdins, comme ministre de l'Intérieur ; le reste du cabinet est à l'avenant, et la République y compte ses ennemis les plus acharnés, qui pensent avoir gagné enfin une partie décisive.

Comme le dit encore l'honorable M. Brisson dans son rapport :

« Non, le Seize Mai n'est pas l'improvisation de sauveurs effrayés par le débordement du radicalisme et prenant soudain une résolution virile ; c'est simplement l'entrée en scène d'acteurs qui attendaient leur moment ; c'est la prise de possession officielle du pouvoir par un gouvernement occulte, depuis longtemps préparé dans la coulisse. »

Que firent-ils du pouvoir ?

— Pendant cinq mois ils violèrent la Constitution ;

— Pendant cinq mois ils foulèrent aux pieds toutes les lois ;

— Pendant cinq mois ils traitèrent la France en province conquise ;

— Pendant cinq mois ils ont tenté d'établir une dictature qui devait en finir avec la République et préparer le retour prochain de la monarchie.

Il nous a été donné d'assister à la lecture du message du 18 mai 1877 ; cette longue revendication du pouvoir personnel où le mensonge audacieux le dispute à l'impudence. Pendant cinq mois, nous avons vu partout en France afficher le *Jusqu'au bout* du maréchal de Mac-Mahon, président de la République, et la candidature officielle s'étaler effrontément sur toutes les murailles.

Dans son rapport cité plus haut, l'honorable M. Brisson a établi d'une manière irréfutable que les ministres du 16 mai étaient coupables :

1° D'avoir violé la constitution par le déplacement des responsabilités présidentielle et ministérielle, et par la prolongation de la limite légale pendant laquelle le pays pourrait être privé de députés;

2° *D'avoir violé les lois* — en ne procédant pas à l'élection de la moitié des membres des conseils d'arrondissements, et en ne réunissant pas les conseils d'arrondissements avant la session des conseils généraux. En interdisant, contrairement à la loi, la vente et la distribution sur la voie publique de journaux déterminés, ainsi que l'établissent, sans contestation possible, de nombreux télégrammes officiels.

3° *D'avoir commis des actes prévaricateurs*, par les innombrables abus de pouvoir qu'ils ont commis, par les circulaires publiques ou secrètes qu'ils ont édictées pour l'embauchage en grand, comme agents électoraux, de tous les fonctionnaires des diverses branches administratives sous peine de révocation immédiate pour les récalcitrants ou les trop peu zélés. — Le ministère des finances a eu la palme, paraît-il, dans cette campagne détestable pendant laquelle les arrêts de la justice ne furent même pas respectés par ceux qui s'intitulaient pompeusement : « L'*Ordre moral* ».

4° *D'avoir commis des actes arbitraires et attentatoires à la liberté individuelle et aux droits civiques.* — Des citoyens furent, en effet, arrêtés, notamment dans la Dordogne, dans la Haute-Loire, dans les Bouches-du-Rhône, dans le Morbihan, et souvent relâchés après le scrutin. Dans le Vaucluse et ailleurs, des citoyens ont été violemment expulsés de la salle du scrutin, qu'ils n'ont pu surveiller, par la gendarmerie et la troupe, avec voies de fait et menaces en vertu d'ordres émanés du ministère. Enfin, le libre exercice des droits civiques fut entravé dans plusieurs endroits d'après un plan général concerté.

5° *D'avoir soustrait et enlevé des papiers publics.* — L'enquête dans la Dordogne a révélé que des agents ont été envoyés, à la fin de son règne, par le ministère du 17 mai, pour enlever certaines pièces dans les préfectures, et, que plusieurs préfets, malgré leur hésitation légitime ont été obligés de livrer ces papiers réclamés sur l'instance du ministère. Ces agents étaient encore le 12 décembre dans le Midi de la France et l'on ne sait pas encore à qui ils ont remis les documents soustraits.

La première période de la crise du Sezie-Mai, se termine ici.

II

En dépît de tous les violents efforts faits pour le troubler, le Suffrage universel condamna par sa voix puisante la politique criminelle du Seize-Mai.

A qui sont dus ce courage dans la résistance et cette persévérance dans la légalité qui devaient enfin assurer le triomphe du principe républicain et la ruine du pouvoir personnel?

A la fermeté de la nation d'abord, à deux républicains éminents ensuite.

MM. Gambetta et Emile de Girardin.

Chacun se rappelle cette parole prophétique :

« Il faudra se démettre ou se soumettre. »

lancée à Lille par le grand orateur, par le tribun populaire, par le magnifique instrument d'opposition qui est aujourd'hui président du Conseil. Nous nous rappelons tous, la courageuse campagne qu'il entreprit sur tous les points du territoire contre le pouvoir personnel, affirmé par le Seize-Mai !

Chacun a lu ces articles foudroyants que chaque jour voyait éclore sous la plume infatigable du grand publiciste Emile de Girardin, articles que tout le monde s'arrachait.

Ah ! le souriant de Broglie, le sombre Fourtou et leurs complices n'avaient pas compté sur de tels adversaires, autrement ils n'eussent jamais engagé cette partie qui devait les combler de ridicule.

Quoiqu'il en soit, malgré l'hécatombe faite, sans scrupule, des fonctionnaires républicains, malgré la pression la plus violente, malgré tous les efforts criminels, les élections des 14 et 28 octobre vengèrent la France de la tyrannie grotesque qui pesait sur elle depuis cinq mois.

La réaction vaincue, n'acceptait cependant pas sa défaite et préparait une nouvelle campagne que l'honorable M. Brisson a nommé : *le Complot.*

« *Après les élections des 14 et 28 octobre,* dit le rapport parlementaire, *si le ministère du Seize-Mai avait été jaloux de rester dans la légalité, il n'aurait eu qu'une conduite à tenir, se retirer sur le champ.*

« Il demeure cependant au pouvoir, il fait procéder par ses préfets de combat aux élections des Conseils généraux et des Conseils d'arrondissement. Ses organes annoncent une deuxième dissolution. »

La Chambre se réunit, toutefois, au milieu de l'angoisse universelle.

Nous avons pu entendre M. Albert Grévy prononcer son réquisitoire contre le ministère du Seize-Mai et demander la nomination d'une commission d'enquête parlementaire sur ses agissements et sur les élections des 14 et 28 octobre 1877. Nous l'avons entendu flageller comme ils le méritaient ces ministres prévaricateurs et coupables.

La nation, tout entière, s'attendait à une mise en accusation immédiate des ministres, comme juste châtiment de ce qu'ils lui avaient fait souffrir, et comme conséquence du verdict qu'elle avait rendu. Sa déception fut grande et les événements vinrent promptement justifier le bon sens national; car, l'enquête parlementaire étant la consécration naturelle de la mise en accusation, on arrêtait court toutes les tentatives criminelles contre la République; d'ailleurs, la culpabilité n'était elle pas évidente, puisque la France tout entière la proclamait, et qu'il y avait là, certainement, comme un cas de flagrant délit?

La Chambre fut faible et en jugea autrement. — L'enquête parlementaire fut néanmoins votée. — Le ministère du Seize-Mai se met immédiatement en révolte contre les décisions de la Chambre. — Par des circulaires rendues publiques, il provoque les citoyens à la désobéissance, il interdit à ses fonctionnaires de comparaître devant la Commission.

Le président du Conseil renouvelle à la tribune du Sénat ces interdictions et ces excitations.

Ces misérables intrigues échouent devant la majorité du Sénat, qui ne veut pas suivre ce ministère *jusqu'au bout*, s'il tentait l'aventure d'une seconde dissolution.

Le ministère du Seize-Mai disparaît tout à coup pour faire place au ministère du 25 novembre, qui a pour chef M. le général de Rochebouët.

Les événements vont nous apprendre par quelle combinaison machiavélique, un homme d'Etat retors comme le duc de Broglie cédait la place de président du Conseil à un homme de guerre, militaire passable, mais homme politique inexpérimenté.

Le général de Rochebouët appelé à Paris, adresse à son ami et confident M. le général Ducrot, commandant le huitième corps à Bourges le télégramme suivant :

« *Je suis mandé à Paris par le maréchal de Mac-Mahon. Vous devinez le sentiment que j'éprouve en présence des propositions qui peuvent m'être faites. Je serai ce soir et demain mardi, hôtel Vouillemont, Paris.* »

Le général Ducrot, préparé évidemment de lon-

gue main, n'hésite pas et répond immédiatement
à M. de Rochebouët :

*« Dans les circonstances présentes, ne pouvez refu-
ser. Mettez pour conditions qu'on vous laisse faire
dans personnel ministériel et garnisons de Paris
et Versailles les modifications qui vous paraîtront
indispensables, sous votre responsabilité. Comptez
sur mon concours le plus absolu. Je vous écris. »*

Au lieu de céder à la nation, l'on se prépare à
lui résister.

Mettant à profit les conseils qui lui ont été
donnés, M. de Rochebouët télégraphie le 22 novembre à M. le général Ducrot.

« Rien de fait. Envoyez-moi Miribel *aujour-
d'hui. »*

Le lendemain, 23 novembre, M. le général Ducrot adresse à M. le capitaine Ganay à Versailles
la dépêche suivante :

*« Faites savoir au général de Rochebouët, que Mi-
ribel accepte situation de chef d'état-major général ;
mais ne pourra quitter la chambre avant deux ou
trois jours pour cause d'indisposition. »*

Le général Ducrot donnait au nouveau Cabinet,
non seulement des inspirations, mais encore des
collaborateurs.

Le ministère Rochebouët s'installe, mis en mi-
norité, le 24 novembre, il ne se retire pas ; un
coup de force semble se préparer, les indices en
abondent.

Le ministre de la guerre, dès le 27 novembre,
recommande par dépêche aux généraux comman-

dant à Marseille et à Lyon, des mesures significatives qui motivent cette réponse du général commandant à Lyon :

« Je ne doute pas que vous proclamiez l'état de siège par le télégraphe. »

D'autres télégrammes expriment la crainte que certains corps ne se prêtent pas au coup de force prémédité. Le ministre de la guerre, le 4 décembre, télégraphie ce qui suit au général commandant à Toulouse :

« On me dit que l'on ne peut pas compter sur le 9e régiment. Est-ce vrai? Y a-t-il mesure à prendre?

A quel acte inavoué ou inavouable la troupe était-elle donc conviée, que l'on redoutait une résistance de sa part?...

Le soupçon et la crainte qui agitent fatalement les conspirateurs se sont glissés dans l'esprit du gouvernement. Les télégrammes suivants en font foi :

« 5 Décembre.

« GUERRE A GOUVERNEUR MILITAIRE A LYON.

« D'après avis qui paraît certain, les perturbateurs seraient au courant des ordres donnés à vos chefs de corps. Le secret ne serait pas gardé sur vos instructions confidentielles en cas de troubles. »

Quels perturbateurs, s'il vous plaît?
Seraient-ce les Coco et les Ducrot, par hasard?

Puis :

« 5 Décembre.

« GUERRE A GOUVERNEUR A LYON.

« Si je suis bien informé, le sieur Gallat, commissaire de la préfecture de Lyon, livrerait à la rue Groslin les secrets de l'administration. »

Tout déplacement est ensuite interdit à tous les généraux de division, sans ordres ministériels.

Le général Ducrot vient toutefois à Paris entre le 18 novembre et le 5 décembre, et, comme le moment d'agir approche, il y est appelé le 6 décembre par le ministre de la guerre, qui éprouve encore le besoin de conférer avec lui :

« Paris, le 6 Décembre 1877.

« GUERRE A GÉNÉRAL COMMANDANT LE 8ᵉ CORPS A BOURGES.

« Je vous autorise à venir à Paris dimanche. Il y a en ce moment un ministère Dufaure en formation. »

La politique prime évidemment toute autre considération pour ces deux sommités militaires.

Une tentative de conciliation s'effectuait alors et rendait l'espoir à tous les bons citoyens, Elle avorte et, le 7 décembre, M. de Rochebouët télégraphie à M. le général Ducrot :

« Les négociations pour la constitution du ministère sont rompues, par suite du refus du maréchal de céder sur les titulaires de la guerre et des affaires étrangères. »

M. le général Ducrot répond :

« Merci! que le bon Dieu et le maréchal de Mac-Mahon soient bénis et glorifiés! »

Pas plus que l'honorable M. Brisson, nous ne commenterons ce cri de triomphe exécrable en présence de la guerre rouverte entre le gouvernement et la nation.

La résolution suprême, le crime sont arrêtés, et les mesures de détails se succèdent pour en assurer l'exécution.

Dès le 9 décembre, les troupes sont munies de deux jours de vivres de mobilisation, y compris la viande de conserve ; et les chevaux, de deux jours d'avoine.

Le 10 décembre, le ministre de la guerre et le général Ducrot échangeaient les télégrammes suivants :

« GUERRE A GÉNÉRAL COMMANDANT LE 8ᵉ CORPS A BOURGES.

« La commission militaire se réunira demain, mardi matin. Veuillez venir me voir à votre arrivée. »

« GÉNÉRAL COMMANDANT LE 8ᵉ CORPS A GUERRE A PARIS.

« Je serai chez vous demain, mardi, vers huit heures. »

Là furent sans doute arrêtées les résolutions définitives, comme il appert des deux dépêches ci-après :

« 12 Décembre.

« MINISTÈRE DE LA GUERRE A GÉNÉRAL COMMANDANT LE 3ᵉ CORPS A ROUEN.

« Organisez la brigade de Launay pour l'exécution du plan n. 2, *comme vous me le proposez dans la lettre que M. le commandant Gossard m'a remise de votre part.* »

« 12 Décembre.

« MINISTRE DE LA GUERRE A GÉNÉRAL COMMANDANT LE 10ᵉ CORPS A RENNES.

« *Faites vos efforts pour être prêt jeudi au plus tard. Vos troupes prendraient tous les effets de campement, mais impossible d'ajouter des voitures.* »

Enfin, le 13 décembre, c'est-à-dire le jour où le ministère Dufaure est constitué, M. de Rochebouët télégraphie à Bordeaux :

« *Veuillez prévenir confidentiellement au quartier général d'arrêter tous préparatifs de départ. Je reprendrai probablement le commandement du 18ᵉ corps d'armée.* »

L'existence du complot signalé par le rapport de l'honorable M. Brisson, dont nous avons donné maints extraits, est donc indéniable ; elle est encore confirmée par la pétition de M. le major Labordère, d'où il résulte que :

Premièrement, les instructions données par le ministre de la guerre n'étaient pas confiées à la poste, mais portées aux généraux par des officiers de l'état-major du ministre ;

Secondement, que deux jours de vivres de campagne ont été transportés le mardi, 11 décembre, à la caserne du 14ᵉ régiment d'infanterie à Limoges ;

Troisièmement, qu'un commencement d'exécution matérielle a eu lieu, contre lequel le major Labordère s'est élevé en ces termes :

« Mon Colonel, un coup d'État est un crime, je n'en serai pas complice. Je suis un honnête homme, le rôle que l'on me réserve dans cette tentative criminelle, je ne le remplirai pas. »

Le colonel répondit :

« Vous n'avez pas à discuter ; votre devoir est d'obéir quand même. »

Tels furent les faits accomplis, et, jusqu'ici, ils n'ont pas été contestés.

Le rapport de l'honorable M. Brisson concluait à la mise en accusation des membres du ministère du 17 mai, présidé par M. de Broglie, et du ministère du 23 novembre, présidé par M. le général de Rochebouët.

Éclairé par les événements, averti par sa loyauté, M. le maréchal de Mac-Mahon, président de la République, n'a point suivi jusqu'au bout les détestables conseils de ses ministres, et la crise terrible du 16 mai avait eu un dénouement pacifique.

La Chambre, ayant égard à cette situation de loyauté surprise, et sentant combien le pays avait besoin de repos, après de semblables secousses, eut la faiblesse de ne pas voter la mise en accusation.

Ce fut à nos yeux une faute grave, en ce sens qu'elle permet le retour de semblables tentatives, restées impunies ; et qu'il aurait été utile, pour l'avenir de la République, que les Broglie, les Fourtou et consorts, eussent été à jamais réduits à l'impuissance, tandis que leur morgue et leur haine se sont accrues par l'impunité même.

Pour en finir également avec M. le maréchal de Mac-Mahon comme avec le Seize-Mai, dans lequel on l'avait incarné, nous dirons qu'il est descendu loyalement et dignement du pouvoir, et qu'en présence de cette honnête nature égarée, la génération actuelle, devançant en cela le jugement de la postérité, lui a pardonné d'en avoir été la dupe et lui a témoigné généreusement la compassion que l'on a toujours pour les aveugles-nés.

TROISIÈME PARTIE

Quatre ans après, M. Gambetta était présiden
du conseil et faisait un choix de collaborateurs
tellement étrange, que ses plus anciens amis se
demandent avec anxiété s'il possède encore au
cœur le culte sacré de la République; et, s'il ne
rêve pas quelque nouvelle incarnation à son
profit, de ce Protée qui s'appelle le pouvoir personnel,

Il semblerait réellement que la République
doive passer par toutes les surprises et par toutes
les étamines avant d'être solidement assise, et
que ses plus chers enfants eux-mêmes soient ap-
pelés à conspirer contre elle.

Qui peut motiver de tels sentiments de suspi-
cion et de défiance envers celui qui fut — le grand
lutteur de la défense nationale, — le tribun populaire, — l'adversaire si brillant du pouvoir
personnel qu'il a renversé jadis, — le remarquable président de la commission du budget,
— le grand orateur qui présidait la dernière
Chambre des députés, — le chef reconnu des

gauches, qui était, hier encore, tout à la fois la gloire et la plus chère espérance de la République?

Nous avons été et nous sommes toujours un des défenseurs et un des amis les plus dévoués de M. Gambetta; nous avons fait pour lui des sacrifices, sans lui avoir jamais rien demandé, nous nous trouvons donc complètement indépendant vis-à-vis de lui; mais nous ne saurions, néanmoins, répondre seul à cette question délicate; nous préférons nous faire l'écho du sentiment général, désireux que nous sommes d'affirmer notre impartialité.

On reproche à M. Gambetta d'avoir, depuis la démission du maréchal de Mac-Mahon, convoité constamment la situation de président de la République, et d'avoir mis tout en œuvre pour l'obtenir lors de cette vacance. — On avance qu'il fit proposer ce poste éminent à M. Dufaure, parce que le grand.âge de ce dernier était la garantie d'une vacance prochaine. — On insinue que sur le refus de M. Dufaure, M. Gambetta fit proposer, par trois de ses amis, à M. Jules Grévy de terminer seulement comme président de la République le septennat du maréchal, c'est-à-dire, de n'occuper la place de chef de l'Etat que jusqu'au 19 novembre 1880. — Enfin que, comme M. Jules Grévy s'était retranché derrière la Constitution, M. Gambetta ne le lui aurait jamais pardonné, et qu'il aurait créé, pour son avantage personnel, ce que l'on a appelé le gouvernement occulte, qui consistait à avoir le plus grand nombre possible de ses créatures dans le ministère, de manière à y faire la pluie et le beau temps, et afin d'y mener tout au doigt et à l'œil.

On l'accuse d'avoir abusé de sa prépondérance sur les gauches, d'avoir absorbé la majorité de la Chambre des députés et de lui avoir fait renverser successivement tous les ministères où son gouvernement occulte rencontrait quelque opposition ; d'avoir tout fait, en un mot, pour rendre le gouvernement impossible à M. Jules Grévy et pour l'amener à une démission prématurée.

On affirme que les voyages de Cherbourg et de Cahors n'avaient d'autre but que de préparer l'opinion publique à une mutation de personnages politiques dans les hautes sphères gouvernementales au bénéfice de M. Gambetta, arrivé enfin au but de ses convoitises.

On constate avec peine, la désinvolture avec laquelle il lâche, pour nous servir d'une expression usuelle, ses meilleurs amis et ceux qui l'ont soutenu et servi avec le plus de désintéressement.

On attribue son profond mépris de l'humanité, à la platitude de son entourage qui aurait corrompu ses mœurs et permettrait de constater une fois de plus cette vérité, que les esclaves volontaires font plus de tyrans que les esclaves forcés.

On en conclut que M. Gambetta peut être un grand orateur, un tribun redoutable, et comme nous l'avons dit plus haut, un magnifique instrument d'opposition ; mais qu'il n'a jamais été et ne saurait être un homme d'État.

On base ce jugement sévère sur ses actes depuis qu'il a quitté le fauteuil de président de la Chambre des députés pour prendre la présidence du conseil.

M. Gambetta, en effet, semble, depuis cette époque, céder à une rancune secrète contre la République et contre les républicains et prendre plaisir à braver l'opinion publique.

Nous ne saurions admettre une pareille petitesse de sentiment chez l'homme qui a été si longtemps l'objet de notre admiration.

L'échec du scrutin de liste au Sénat ne saurait être imputé aux républicains; la question n'était pas mûre et le Sénat n'a jamais été l'ami de M. Gambetta ni le partisan de sa politique absorbante.

A qui la faute ?

Les républicains ne sauraient être responsables du triste rôle joué, pendant la période électorale, par le comité de la rue de Suresnes.

Si M. Gambetta, mal entouré, mal conseillé, a su mauvais gré aux députés qui étaient restés partisans du scrutin d'arrondissement, s'il a fait un crime aux membres du Parlement d'avoir conservé quelque indépendance sur une question vitale pour leur existence politique; s'il les a considérés comme des adversaires qu'il fallait combattre, s'il leur a opposé des concurrents souvent ridicules, comme, par exemple, M. Deschanel fils opposé à M. Gatineau, s'il s'est fait ainsi des ennemis irréconciliables, ce n'est la faute ni de la République ni des républicains.

Si M. Gambetta, se faisant illusion sur son omnipotence, a négligé les succès légitimes que sa popularité lui aurait assurés sur de nombreux points du territoire, pour se renfermer sur le mont Aventin de Belleville, — Si des scènes déplorables se sont produites, grâce au peu de soin apporté à l'organisation des réunions électorales dans lesquelles il devait parler à ses électeurs, — S'il a manqué de calme, si des expressions regrettables, telles que « *esclaves ivres, repaires* », etc., lui sont échappées, à qui doit-il s'en prendre? — « A son entourage, peut-être », à lui-même certainement, mais, à coup sûr, ni à la République, ni aux républicains.

Le passé de M. Gambetta est pour nous la garantie indiscutable qu'il possède un assez grand cœur, qu'il aime suffisamment la France et la République pour leur faire le sacrifice d'une défaite d'amour-propre d'un quart d'heure.

Sa conduite au pouvoir nous paraît plus inexplicable encore.

Car, qui peut motiver la formation du ministère du 14 novembre, que la France a accueilli avec stupeur, ainsi que les nominations des Miribel, des Prudhomme, des de Launay, des de Cools et des de France?

La rentrée sur la scène des Canrobert, des Gresley, des de Chaudordy, des Drouyn de Lhuys, des Chodron de Couercel et enfin des J.-J. Weiss, sans compter le menu fretin et les décorations presque exclusivement réservées aux officiers sortants de la garde impériale, ne sauraient s'expliquer autrement.

Prétendre, comme l'a fait déjà M. Gambetta à

propos de M. de Miribel, que les réactionnaires ont, par grâce d'Etat, le monopole du talent, du savoir-vivre, des capacités, voire même du génie, est une de ces idées biscornues dont l'esprit gênois, que l'on prête à M. Gambetta, paraît incommodé.

Cela peut fournir à M. Paul de Cassagnac l'occasion de chercher à humilier la République et les républicains par une de ces boutades énergiques qui lui sont habituelles; mais, c'est tout; et les républicains peuvent répondre, non sans raison, que c'est seulement chez les monarchistes, dressés de longue date à toutes les bassesses et à toutes les servilités, que M. Gambetta a pu trouver des échines assez souples pour se plier à son gouvernement autoritaire. Tout le monde sait, il est vrai, qu'il existe certaines échines, et en assez grand nombre, qui se font un devoir d'aller au devant des coups de bâton.

II

Quoi qu'il en soit, ce que les réactionnaires ont appelé le *grrrand ministère*, et que nous appelons simplement le ministère Gambetta, ne paraît pas être né viable et a besoin, pour continuer à subsister, de nombreuses modifications.

Le personnel recruté par le président du conseil comme par le ministre de la guerre est considéré par tous les républicains comme un danger, comme une menace et comme une provocation.

Si M. Gambetta ne veut pas sombrer piteusement aux yeux de la nation, il est grand temps qu'il rentre sans retard dans la vérité gouvernementale, qui veut d'une manière absolue que la République soit servie par des républicains et que le soin de veiller à sa sécurité comme à son développement leur soit exclusivement confié.

Il nous paraît indispensable que M. Gambetta rompe entièrement avec les errements suivis jusqu'ici, et qu'il s'habitue à mettre hardiment la vérité à la place de l'habileté éphémère dont il semble faire un trop fréquent usage. On considère comme urgente l'épuration complète ou à peu près de son entourage ; il lui sera facile de trouver chez les républicains qu'il a abandonnés, mais qui ne l'ont pas abandonné eux, tout le concours dévoué dont il pourrait avoir besoin.

En France, aujourd'hui, pour qu'un gouvernement soit durable, il lui faut gouverner au grand jour et que ceux qui le dirigent soient de bons Français et de fermes républicains. On ne saurait conserver des chimères et il faut renoncer à l'alliance hybride des réactionnaires et de la République, alliance qui ne peut être rêvée que par des cervaux aigris ou profondément troublés. Toute République, en effet, qui se livre aux princes ou à leurs fidèles se suicide.

La République sait et saura récompenser dignement et selon leurs mérites ceux qui l'auront servie.

Tel est le rôle actuel du gouvernement ; mais s'il reste sourd à cette voix de ses amis les plus sincères et les plus dévoués ; s'il continue à ouvrir toute grande la porte du sanctuaire républicain aux ennemis reconnus de la République, au détriment de ceux qui ont consacré toute leur existence au triomphe de l'idée républicaine, nous le lui prédisons à l'avance, il ne tardera pas à succomber; et, [le mépris public fera promptement justice des républicains infidèles à leurs serments et des ministres prévaricateurs.

La République doit être ou doit devenir toute la France; nous ne saurions vouloir la constitution d'églises fermées dans notre pays qui possède encore trop de congrégations civiles, militaires ou religieuses pour qu'il soit nécessaire d'en créer de nouvelles; mais, nous avons la conviction selon le sentiment général que mettre aujourd'hui la République entre les mains de ses plus cruels ennemis sous le prétexte de les rallier à cette forme de gouvernement est une naïveté tellement grande qu'elle ressemble à la trahison.

C'est pourquoi aux nominations *de Miribel* la nation riposte par des candidatures *Labordère!*

Pour conclure, nous invitons la Chambre des députés, au nom du salut de la République, à délimiter législativement le plus tôt possible, les responsabilités présidentielle et ministérielles. Ces lois devraient être depuis longtemps inscrites dans nos codes. Nous l'invitons également, cette Chambre, qui est forcée de subir les nominations comme chef d'état-major général du ministère de la guerre et comme directeurs de l'infanterie, de ceux-là mêmes qui ont organisé et qui étaient prêts à exécuter le coup d'Etat avorté du 14 décembre 1877, crime politique dirigé contre elle et dont elle aurait été la première victime, d'inscrire au plus tôt dans le code militaire une disposition qui tranchera définitivement la question de l'obéissance passive : — c'est qu'en aucun cas, l'armée ne doit marcher contre le Parlement et qu'elle ne saurait, à l'intérieur, devenir un instrument aveugle de la force contre le droit et la légalité. — C'est que, tout officier ou commandant d'une troupe qui oserait manquer à cette loi fondamentale de la représentation nationale *serait puni de la peine des travaux forcés à perpétuité* (nous ne parlerons pas de la peine de mort, parce qu'il est malheureusement des ambitieux égarés qui pourraient faire bon marché de leur existence).

Nous comptons que M. le président du conseil des ministres donnera sa haute approbation à ces lois préservatrices et qu'il comprendra que tous les vrais républicains, c'est-à-dire les trois quarts de la France, ont inscrit dans leur évangile politique ces préceptes immuables :

Au-dessus de l'homme, le Principe;

Au-dessus de tous, la Patrie et la République.

Paris — Imp. Nouvelle (association ouvrière), rue Cadet, 11. — Masquin, dir

* 9 7 8 2 0 1 2 4 8 0 4 3 8 *